Tregua

por

Santiago A. López Navia

Los Papeles de Brighton

2020

Ilustración de cubierta y contracubierta: Rafael Sanzio, *Sueño del caballero*, óleo sobre tabla, hacia 1504-1505. Londres, Galería Nacional.

Editado por
Los Papeles de Brighton
Calle Francisco Gervás 9
28020 Madrid (España)
https://lospapelesdebrighton.com

ISBN: 978-84-947593-5-2
Depósito legal: PM 201-2020

Tregua
Primera edición: Madrid, 3 de marzo de 2020
Colección Mayor, número 9
Diseño de la colección: laculture.es

El autor en 2017

Santiago Alfonso López Navia (Madrid, 1961) es licenciado y doctor en Filología por la Universidad Complutense de Madrid y en Ciencias de la Educación por la UNED. Es profesor titular en la Universidad Internacional de La Rioja, titular de la Cátedra de Estudios Humanísticos Felipe Segovia Martínez de la Universidad SEK (Santiago de Chile) y asesor del Consejo de Dirección del Trinity College Group. Sus principales líneas de investigación son el cervantismo y la retórica, a las que ha dedicado numerosas publicaciones académicas, y compagina la docencia y la investigación con la creación literaria y su tarea de editor como miembro del comité editorial de La Discreta. Es autor de once libros de poesía y un libro de relatos. Pertenece al grupo Paréntesis desde su fundación y ha ofrecido recitales poéticos en numerosos países. Su obra ha sido difundida en revistas y publicaciones colectivas, recreada por cantautores y grupos musicales y premiada en numerosos certámenes nacionales e internacionales. Sus poemas han sido traducidos al hebreo, al francés y al búlgaro.

SILENTIUM AMORIS: REPASO DE ALGUNOS ASPECTOS DE LA POÉTICA DE SANTIAGO A. LÓPEZ NAVIA CON LA EXCUSA DE LA PUBLICACIÓN DE *TREGUA*

JUAN LUIS CALBARRO

No es necesario presentar la figura pública de Santiago Alfonso López Navia (Madrid, 1961). Doctor en filología y en ciencias de la educación, cervantista ilustre, participante en numerosos proyectos sobre el Siglo de Oro y, en particular, autor de una decena de libros sobre la materia, maestro de retórica, catedrático y gestor universitario, editor en La Discreta, animador cultural, poeta, narrador... Pocos campos hay, de los relacionados con la palabra escrita (y cantada), que el autor no haya tocado y en el que no haya dejado testimonio de rigor y bonhomía. De él dijo alguien que "su vida pública es recta y consistente", y no es la única alusión que he encontrado a ese rasgo suyo de la *rectitud* pública.[1] En tanto que poeta tampoco hacía falta mi presentación, así que me limitaré a dejar constancia de tres o cuatro reflexiones que me suscitó la lectura de *Tregua*, este libro que tienes entre las manos, afortunado lector, y que me honra prologar.

1. Este poeta y este libro

Conociendo algunos de los golpes que, vallejianamente, la vida le va dando últimamente al poeta y de los que le deseamos pronta liberación, el contenido de *Tregua* se podría antojar circunstancial si no hubiéramos leído su producción anterior. Impresiona, en ese sentido, la maciza consistencia del discurso lopeznaviano. Este poemario del

[1] Apuleyo SOTO PAJARES, "Mi señor Silente", *El Adelantado de Segovia*, 18 de mayo de 2009, p. 2.

dolor y el poema homónimo con el que el autor lo abre a modo de breve guía de lectura tienen antecedentes directos a lo largo de su obra, ya desde su primer libro. Si hoy la voz lírica suplica "tan solo [...] una tregua", una pausa en el sufrimiento, un "alivio" en el desierto, un descanso aun fugaz para tornar al camino, en el "Soneto duodécimo" de *Tremendo arcángel* reclamaba en tono casi idéntico "una paz que venga desatando/ promesas de reposo sin medida". Al final del mismo poemario, rematado por dos sonetos insertos gozosamente en la tradición galaicoportuguesa de la poesía castellana, se queja también de "a manca/ de paz que hoxe me creba o pensamento".[2] El ruego, por tanto, no es nuevo, pero es que estamos ante un poeta constante en sus preocupaciones y coherente en su discurso.

Es, sí, un poeta de una pieza aunque se presente bajo distintos disfraces. El juego de heterónimos, tan fructífero en el pasado en la pluma de monstruos de fecundidad y de profundidad como Pessoa o Machado, adopta a lo largo de la obra de López Navia los avatares de Jacobo Sadness, amigo de juventud del autor; del mismísimo Cide Hamete Benengeli, historiador eximio; de Antero Freire, ermitaño y maestro de Sadness; de un trovador anónimo...[3] Jacobo Sadness, de antroponimia transparente, se declara poeta existencial desde el mismo comienzo de *Tremendo arcángel* y, aparte el venero de los clásicos, bebe del estoicismo y del desamparo de Dámaso Alonso y de algunos de los poetas desarraigados españoles de la segunda mitad del siglo XX.[4] Su discurso, caracterizado como "lamento existencial",

---

[2] Santiago A. LÓPEZ NAVIA, *Tremendo arcángel*, prólogo de José Ramón Fernández de Cano y Martín, Madrid: Ediciones de la Discreta, 2003, pp. 42 y 90.

[3] No es ajeno a este juego el influjo directo del *Quijote* y su multiforme ficción narrativa, que fue objeto de un estudio académico, ya clásico, por parte del autor: LÓPEZ NAVIA, *La ficción autorial en el Quijote y en sus continuaciones e imitaciones*, Madrid: Universidad Europea de Madrid, 1996.

[4] José Ramón FERNÁNDEZ DE CANO Y MARTÍN, "Prólogo: La tristeza del monstruo", en LÓPEZ NAVIA, *Tremendo arcángel*, *cit.*, p. 7.

encuentra, pese a todo, consuelo en la fe que tiene en Dios y permanece siempre fiel a su camino. Este *homo viator* será uno de los tópicos más presentes en la poesía de López Navia.

El ermitaño Antero Freire, por su parte, representa una posición más madura, como si el poeta considerase el existencialismo una lacra de juventud que es obligatorio superar y Freire fuera la voz que reivindica esa superación. Un buen crítico lo ha visto perfectamente cuando afirma, a propósito de otro poemario,[5] que Freire "se dirige a Dios pidiendo perdón por la tristeza que vierte en sus poemas, por sus dudas y su vacío interior".[6] Freire nos es presentado como maestro de Sadness, a quien dedica todo un manualito de retórica[7] y un compendio de recomendaciones éticas.[8] Tanto Sadness como Freire reaparecen en *Tregua* para, como veremos, matizar sus roles.

En *Tregua* encontramos de nuevo los temas habitualmente tratados por el madrileño: uno principal es la nostalgia y, en particular, el recuerdo de la infancia. A propósito de otro poemario suyo se ha dicho que "todos los libros poéticos del autor [...] rezuman un inefable perfume de infancia derramado en endecasílabos blancos",[9] y es bien cierto: la infancia como mundo de felicidad perdida y añorada, a

---

[5] LÓPEZ NAVIA, *Sombras de la huella*, prólogo de Miquel-Lluís Muntané, Barcelona: Abadia Editors, 2006.

[6] José Antonio ARCEDIANO, "Sombras de la huella", *Caravansari*, núm. 2, Santa Coloma de Gramenet: Associació Cultural Caravansari, 2007/2008, pp. 91-92.

[7] El interés por la retórica del autor no atiende solo a su condición de herramienta poética; ya había rendido interesantes frutos en el terreno pedagógico: LÓPEZ NAVIA (editor), *El arte de hablar bien y convencer: Platón, Aristóteles, Cicerón, Quintiliano. Manual del orador*, Madrid: Temas de Hoy, 1997.

[8] LÓPEZ NAVIA, *Ética y retórica a Jacobo Sadness*, Córdoba: Ateneo de Córdoba, 2009.

[9] SOTO PAJARES, "Prólogo" a LÓPEZ NAVIA, *Canciones de Navidad del País de Nunca Jamás*, Alpedrete: La Discreta, 2011, p. 6.

veces dramáticamente, pero también como conciencia de la fugacidad de la vida.[10]

En *Tregua* es el ermitaño Antero Freire, en su "Nostalgia y soledades",[11] quien se encarga de transmitir esta idea a través del recurso clásico a la sucesión de las estaciones: asociada la primavera a la infancia y la adolescencia al verano, todo lo que nos queda es el otoño, con sus matices de añoranza y madurez, y el invierno, que cierra el ciclo con el reconocimiento de la memoria en la ruina, la ceniza, la sed y la melancolía. "Los nombres eran otros, pero todo era lo mismo", dice Freire: todo se repite, todo es cíclico y, por tanto, perecedero, y el paso del tiempo va arrastrando generación tras generación como se suceden los años y las estaciones. "Y todo es viejo,/ enero,/ y todo es nuevo". Así mismo son poemas de nostalgia de la casa familiar "Medellín, 5" y las dos entregas de "Casa vacía".

En ese poema retoma López Navia la imagen de la vida como camino espiritual (la dedicatoria general de *Tregua* es, en ese sentido, muy significativa); su heterónimo se ve "recorriendo/ cada trecho/ de la vida en un sendero/ incierto". José Antonio Arcediano, hablando de *Sombras de la huella*, había asociado ese viaje con

> [...] un "yo" poético inmerso de pleno en ese devenir, en ese discurrir a través del tiempo, en el cambio, en el movimiento, y lo está de tal manera que es y existe siempre en referencia al

---

[10] A propósito del "drama del arrebatamiento de la inocencia", *cf.* Pura SALCEDA, "Prólogo" a LÓPEZ NAVIA, *Vivir es llegar tarde a todas partes (antología 1986-2017)*, Madrid: Sial Pigmalión, 2017, pp. 15-21; p. 18. Abundan en este tema LÓPEZ NAVIA, *El cielo de Delhi*, Granada: Ayuntamiento de Loja, 2007; segunda edición en beneficio de UNICEF, prólogo de Fernando Álvarez de Miranda y Torres, Madrid: Doveliar, 2009; e *Impresiones de paso*, prólogos de José Miguel Junco y Santiago Gil, Alpedrete: La Discreta, 2015.

[11] Publicado como inédito en LÓPEZ NAVIA, *Vivir es llegar tarde a todas partes*, *cit.*, pp. 129-137. Es también el caso de "Huella" y "Bukowskiana", que en el presente volumen se titula "Llaga (en la estela de Charles Bukowski)".

antes y al después. Esa inmersión en el devenir hace que el "yo" poético se aleje paulatinamente del antes, del pasado, un pasado remoto que contiene los momentos de belleza y felicidad perdidos en algún punto del camino y se halle situado en el ahora (un ahora dinámico y extenso, un ahora en movimiento) caracterizado por la pérdida y la nostalgia de lo perdido, por el dolor, la tristeza, la melancolía, así como por la ansiedad de lo no alcanzado, aunque conservando un atisbo de esperanza, una esperanza puesta en el después, en el futuro, que atesora la consecución de los deseos, sueños y anhelos del "yo", sostenidos en la intuición de la trascendencia, en la creencia en un Dios que es causa y motor de su existencia.[12]

El *homo viator* –el caminante alegórico, el peregrino, el caballero andante–, un tópico clásico bien estudiado,[13] es consustancial a la voz poética de López Navia, que ha construido libros enteros en torno a la idea del viaje. Se detecta el sobrevuelo permanente de Don Quijote y Sancho, pero también están la poesía trovadoresca, la novela bizantina, los poemas de Machado... Así nació en su momento su *Canción de ausencia rota de mi señor Silente*, un poema largo estructurado en torno al viaje de un caballero que huye de manifestar su amor en pos de la desaparición.[14] En *Tregua*, la idea de camino aparece aquí y allá, siendo significativo el poema "*Intermezzo*", en el que la voz poética retoma la idea de viaje y hace un alto a un lado del camino y, tras una reflexión, encuentra motivos para el optimismo y

---

[12] ARCEDIANO, *art. cit.*, p. 91.

[13] *Cf.* Luis GÓMEZ CANSECO, "«Por ásperos caminos». El viaje de amor en la literatura de corte hasta Cervantes", en Stefan RUHSTALLER (ed.), *Crisol de estudios filológicos*, Huelva: Universidad de Huelva, 1995, pp. 11-30; o Cristina JIMÉNEZ GÓMEZ, "El símbolo del «camino» como teoría de *imitatio* en los sonetos de Garcilaso de la Vega", *Lemir. Revista de Literatura Española Medieval y del Renacimiento*, núm. 22, Valencia: Universidad de Valencia, 2018, pp. 449-460.

[14] LÓPEZ NAVIA, *Canción de ausencia rota de mi señor Silente*, prólogo de Juan Varela-Portas de Orduña, Alpedrete: La Discreta, 2008.

para la salud, con versos finales de carácter estoico: "Para que no haya dudas, lo repito:/ acabo de cumplir cincuenta años./ Lo que he dejado atrás, atrás se quede./ Pesa más el amor que las heridas./ No necesito más. Nada me falta./ Hoy solo tengo todo por hacer/ y en el punto final empieza todo."

Entre tanta tribulación y tanta dolorosa fe, López Navia suele encontrar la forma de preservar la preocupación por lo social y por la ética inspirada en las enseñanzas del ermitaño Antero Freire al joven Jacobo Sadness en materia de ética y retórica.[15] Así sucede en poemas solidarios como "Plegaria de tierra por Haití". También reúne el volumen en una sección elementos del mundo del poeta que anclan su voz poética a la realidad hostil y le dan algún tipo de soporte: el hermano, la naturaleza (asociada por un lado al tópico del *beatus ille* y, por otro, a la nostalgia de la infancia), la casa familiar, la memoria... pero con suma facilidad derivan de nuevo en ausencia y desarraigo. Y así mismo podemos disfrutar en *Tregua* una serie de homenajes y epitafios a personajes desaparecidos y de *estelas* a poetas admirados. Cierra el libro una colección de delicados haikus de diversos temas.

2. *Silentium amoris*

El tópico literario clásico del *silentium amoris* reaparece en *Tregua* con fuerza. Su primera irrupción explícita en la obra de López Navia había ocurrido en *Ética y retórica para Jacobo Sadness*, en un "Apéndice" que sirve de puente entre la "Retórica a Jacobo Sadness" del ermitaño Freire, ya subtitulada "*Ad silentium servandum ars rethorica*", y la "Ética para Jacobo Sadness" del mismo heterónimo. Este llamado apéndice, desarrollado en dos partes y cinco poemas, se titula "*Silentium amoris*" y lo firma el joven Sadness.[16] En este conjunto, el poeta establecía

[15] López Navia, *Ética y retórica a Jacobo Sadness, cit.*

[16] López Navia, *ibidem*, pp. 21-25

a través de sus diversas voces uno de los principios de su poética y de su temática: el silencio como manifestación necesaria del amor.

El tópico venía de lejos; su significado es múltiple y varía entre los poetas. En la poesía grecolatina está suficientemente estudiado desde Asclepiades al bizantino Pablo Silenciario, pasando por Calímaco, Catulo y otros muchos.[17] En los poemas 6 y 55 de Catulo, por ejemplo, el amor se calla porque avergüenza, pero ese silencio perjudica al amor, ya que "*uerbosa gaudet Venus loquella*"[18]. En ciertos epigramas de Silenciario, en cambio, el silencio conviene al amor porque el misterio lo hace más excitante.

En la literatura trovadoresca, en las cantigas de amigo, en los cancioneros castellanos y, en general, en el código del amor cortés, el *silentium amoris* se identifica con el *secretum amoris*: la discreción, la voluntad de mantener oculta la relación amorosa, por ser ilícita o bien como "ejercicio de perfección para el amante, que nunca ha de descubrir la causa de su sufrimiento, ni desvelar el nombre de su dama".[19] Así, el sujeto lírico de cierta cantiga de Men Rodríguez Tenorio ruega a su amado "que nunca vós, amig', ajades/ amig' a que o digades,/ nen eu non quer' aver amiga,/ meu amig', a que o diga";[20] y

---

[17] *Cf.* Luciano LANDOLFI, "*Silentium amoris*. A proposito di Asclep., AP, 12,135; Call., AP, 12,134; Catull. 6 e 55.", *Orpheus. Rivista di umanità classica e cristiana*, núm. 5, Catania: Universidad de Catania, 1984, pp. 167-181; y Rosario MORENO SOLDEVILA, "*Silentium amoris*: el silencio como motivo amatorio desde Catulo a la poesía latina tardía. Un *addendum* al *Diccionario de Motivos Amatorios en la Literatura Latina*", *Paideia. Rivista di filologia, ermeneutica e critica letteraria*, núm. LXXIII, parte III/III, Cesena: Stilgraf, 2018, pp. 1771-1792.

[18] CATULO, *Poesía completa (C. Valerii Catulli Carmina)*, versión y notas de Juan Manuel Rodríguez Tobal, Madrid: Hiperión, pp. 25 y 121.

[19] Luis GÓMEZ CANSECO, *El Quijote, de Miguel de Cervantes*, Madrid: Síntesis, 2005, p. 224.

[20] Rip COHEN (editor), *500 Cantigas d'Amigo*, Porto: Campo das Letras, 2003, p. 203.

en otra de Johan Baveca la mujer reprocha así las consecuencias de la indiscreción: "Amigo, mal soubestes encoprir/ meu feit",[21] si bien en otras ocasiones la dama del poema se vanagloria del amor público de su amigo.[22]

El tópico del silencio tomará carta de naturaleza en obras de raíz petrarquista a partir del Renacimiento, como estudió Aurora Egido.[23] Ejemplos son el soneto XXXVIII de Garcilaso ("Estoy contino en lágrimas bañado"),[24] en el que la voz poética lamenta el mandato cortés del "no osar deciros";[25] o el soneto XXXII de Cetina ("Aires süaves, que mirando atentos"),[26] en el que el amante llega a arrepentirse de esa obligación: "Yo deseo callar, mas ¿qué aprovecha?"[27] Pero hay más en Boscán, en Acuña, en san Juan, en Argensola, en Herrera... El silencio, no obstante, en ocasiones pierde su carácter

---

[21] *Ibidem*, p. 469.

[22] *Cf.* Fernando CARMONA, María del Carmen HERNÁNDEZ y José Antonio TRIGUEROS, *Lírica románica medieval I. Desde los orígenes hasta finales del siglo XIII*, Murcia: Universidad de Murcia, 1986, p. 341.

[23] Aurora EGIDO, "La poética del silencio en el Siglo de Oro. Su pervivencia", *Bulletin Hispanique*, tomo LXXXVIII, núm. 1-2, Bordeaux: Éditions Bière, enero-junio de 1986, pp. 93-120.

[24] GARCILASO DE LA VEGA, *Poesías completas*, introducción y notas de Germán Bleiberg, Madrid: Alianza Editorial, 1980, p. 32.

[25] GÓMEZ CANSECO, "«Por ásperos caminos»", *cit.*, p. 18.

[26] Gutierre de CETINA, *Sonetos y madrigales completos*, edición de Begoña López Bueno, Madrid: Cátedra, 1981, p. 109.

[27] Jesús PONCE CÁRDENAS, "Cauces de la imitación en el Renacimiento: Gutierre de Cetina y Nicolò Franco", *e-Spania. Revue interdisciplinaire d'études hispaniques médiévales et modernes*, núm. 13, París: Université Paris-Sorbonne, junio de 2012, párr. 43.

de obligación más o menos tolerada y se convierte en reconocimiento de la inefabilidad de la experiencia amorosa.[28]

A lo largo de los siglos XVI y XVII, la retórica del silencio se hace multiforme y asume todo tipo de matices (desde el comedimiento que había recomendado Vives a la reticencia del capitán Aldana, pasando por la franca defensa de la ruptura del *secretum amoris* por Quevedo, los juegos dramáticos de Lope y Calderón, el silencio eremítico de Bocángel, el misterio de Villamediana o la elipsis gongorina).[29] En el contexto de la parodia cervantina del libro de caballerías, don Quijote ama en secreto a Dulcinea del Toboso, a quien solo ha visto cuatro veces en doce años sin comunicarle jamás su amor. El secreto de amor alcanza hasta el pasaje en que el Caballero de la Triste Figura lo rompe con el fin de enviar a su dama una misiva a través de Sancho (I, XXV).[30] Esa ruptura "le traerá de cabeza en la primera y la segunda parte".[31]

Es en los sonetos amorosos del conde de Villamediana, no obstante, donde quiero encontrar, más que un antecedente, un aire de familia con el Jacobo Sadness de los *silentia amoris*. Para Juan de Tassis, el silencio es en su soneto XI un "callado llorar por ejercicio" cuyo mérito dignifica al amante, e insiste en "que el que acierta a decirse no es cuidado". En el número I pide: "Nadie escuche mi voz y triste acento", y en el LXIII asegura: "Sufrir quiero y callar; mas si algún día/ los ojos descubrieran lo que siento,/ no castiguéis en mí su atrevimiento,/ que lo que mueve Amor no es culpa mía", lo que nos remite a una obra del siglo XIX que no tardaremos en comentar. El soneto XV concluye: "ni el mérito me vale del silencio,/ ni a descubrir me

[28] EGIDO, *art. cit.*, *passim.*

[29] *Ibidem.*

[30] Miguel de CERVANTES, *Don Quijote de la Mancha*, edición del Instituto Cervantes 1605-2005 dirigida por Francisco Rico, Barcelona: Galaxia Gutemberg y Centro para la Edición de los Clásicos Españoles, 2004, p. 309

[31] GÓMEZ CANSECO, *El Quijote, cit.*, p. 103.

atrevo mi cuidado"; y en el LXVI retorna Juan de Tassis a la inefabilidad del amor: "que no sé estilo o medio con que acierte/ a declarar el bien y el mal que siento".[32] Villamediana es posiblemente el poeta barroco que con mayor asiduidad y densidad reflexiona sobre el silencio del amor y sobre su difícil y paradójico equilibrio contra la duda y el deseo de manifestar la lágrima o la palabra,[33] con una insistencia y una discreción tan rematada que algunos de sus biógrafos han atribuido esa voluntad de silencio a motivos biográficos: un amor prohibido por alguna de las amantes del Rey Felipe IV o, incluso, por la reina Isabel de Borbón, sin que falten interpretaciones que apuntan a otros amores en la época considerados ilícitos por naturaleza y que habrían causado la muerte violenta del poeta en 1622.[34]

Sorprende, y no poco, que sea la figura del irlandés Oscar Wilde la que tienda puentes entre nuestro Villamediana y nuestro López Navia. Uno de los poemas que publicó en 1881 por partida doble en Londres y Boston se titula, precisamente, "*Silentium amoris*". Se trata de un poema de hermosísima cadencia y un enorme despliegue de arcaísmos, juegos de paralelismo, paradojas, simbolismos y, en definitiva, una atmósfera gótica deliciosa. En este texto Wilde viene a reincidir en el tópico clásico que le da título y lo impregna de esa corriente interpretativa que nos llega desde Cicerón y, pasando por Castiglione y Villamediana, desemboca en el genio de Dublín, según la cual los ojos dicen lo que las palabras no pueden o no deben decir.[35]

---

[32] Conde de VILLAMEDIANA, *Poesía*, edición de María Teresa Ruestes, Barcelona: Planeta, 1992, pp. 129, 134, 136, 160 y 161.

[33] María Teresa RUESTES, "XI", en VILLAMEDIANA, *op. cit.*, pp. 176-177.

[34] Horst WEICH, "El silencio en la poesía amorosa del Conde de Villamediana", en *Memoria de la palabra. Actas del VI Congreso de la Asociación Internacional Siglo de Oro. Burgos-La Rioja 15-19 de julio 2002*, edición de María Luisa Lobato y Francisco Domínguez Matito, Frankfurt am Main: Vervuert y Madrid: Iberoamericana, 2004, tomo II, pp. 1841-1849.

[35] RUESTES, "LXIII", en VILLAMEDIANA, *op. cit.*, p. 206.

Wilde incurre en el silencio por pura inefabilidad del amor que siente, sin que podamos distinguir a ciencia cierta lo inefable de lo imposible, y termina optando por la separación en silencio: "Else it were better we should part, and go,/ Thou to some lips of sweeter melody,/ And I to nurse the barren memory/ Of unkissed kisses, and songs never sung".[36]

No podemos dejar de recordar, ya en el siglo XX, los sonetos de Lorca conocidos como "del Amor Oscuro", en los que resulta difícil separar el elemento autobiográfico del creativo. En uno de ellos el granadino toca el tópico en cuestión en términos de "secreto" y de "herida":[37] "¡Ay voz secreta del amor oscuro!/ ¡ay balido sin lanas! ¡ay herida!/ ¡ay aguja de hiel, camelia hundida!/ ¡ay corriente sin mar, ciudad sin muro!". Llega a aplicar al silencio una cualidad superlativa: "¡silencio sin confín!", e insta a la paradójica voz a alejarse: "Huye de mí, caliente voz de hielo".[38]

3. ¿Por qué calla Jacobo Sadness?

La precedente revisión del recorrido del tópico que conocemos como *silentium amoris* por la literatura de los últimos dos mil años nos permite comprender mejor la obra de Santiago A. López Navia. Conocedor como es de la tradición clásica, cabe suponer que la elección de un tópico tan definido para alumbrar algunos de los mejores ver-

---

[36] Oscar WILDE, "*Silentium Amoris*", en *Poems*, London: David Bogue y Boston: Roberts Brothers, 1881, poema 57.

[37] El tema de la herida está omnipresente en la obra de López Navia y, en particular, en *Tregua*, desde la "Llaga" bukowskiana a las "Heridas" en forma de haiku, pasando por la "Escara" que titula la primera sección y por muchas otras alusiones de tipo amoroso, religioso y existencial que merecen ser objeto de un estudio aparte.

[38] Federico GARCÍA LORCA, "[¡Ay voz secreta del amor oscuro!]", en *Obras completas I. Poesía*, edición de Miguel García-Posada, Barcelona: Galaxia Gutenberg, 1996, p. 632.

sos de su heterónimo Jacobo Sadness no es casual. Volvemos a encontrar en el joven y supuestamente ficticio poeta desarraigado los mecanismos utilizados por Garcilaso, Villamediana y Wilde, y nos asombran. Sadness había hecho su presentación con sus sonetos de corte existencial en *Tremendo arcángel* y con sus versos airados en *Sombras de la huella*, pero es en *Ética y retórica para Jacobo Sadness* donde desarrollaba por primera vez nuestro tópico.[39]

En ese "*Silentium amoris*", el heterónimo de López Navia se somete al silencio como forma de protección. "En el silencio forjo la alambrada/ que estrecha los dominios de mi herida", dice; y "En mi silencio duerme mi secreto./ A mi silencio debo cuanto ignoras./ Con mi silencio aliento la distancia". Se trata de un silencio entendido como distancia frente al dolor, pero aún no se ha explicitado cuál es el aspecto doloroso del amor que sugiere el título. Continúa su "Declaración" en tres sonetos con un lamento: la voz poética sufre la confusión entre voz y silencio y se queja de la carga a la que este lo somete. "Mi voz y mi silencio se confunden/ en esta tempestad de lluvia amarga/ que un día hirió mi alma con tu rayo.// Y sobre estos cimientos que se hunden/ ya no soporto el lastre de mi carga/ de tanto como pesa lo que callo". Siguen los ecos del barroco en el hermoso tercer soneto, en el que el silencio, que era "alambrada", es percibido ahora como "condena". Dirigiéndose a un "tú" indefinido, la voz lírica afirma lo que será el contenido principal del *Silente* que comentaremos a continuación con un "tú nunca oirás la voz de enamorado", y asegura su voluntad de jamás romper ese silencio. La sucesión de paradojas enriquece el tópico y se revela como una de sus manifestaciones más completas y densas de la historia de la literatura. En el epílogo, Sadness afirma haberse quedado "a vivir, callado y solo,/ en un mundo sin ti y sin tu saberlo", negando al ser amado el conocimiento siquiera de ese amor. Finalmente, repite "la palabra que expresa su única certeza", es decir, "nunca", en un emocionante e inconfundible eco wildeano: si el dublinés se proponía alimentar "la

[39] LÓPEZ NAVIA, *Ética y retórica*, *cit.*, pp. 21-25.

estéril memoria/ de los besos no dados, de las canciones nunca cantadas", López Navia a través de su heterónimo habla de las "palabras nunca dichas" y concluye: "Y ya nunca será lo que no ha sido,/ y todas las palabras serán nunca".[40]

López Navia había publicado muy poco antes su *Canción de ausencia rota de mi señor Silente*, un poema que ha sido calificado de *neorromántico* o *neotrovadoresco*.[41] El nombre del protagonista, un caballero que lo abandona todo y sale a viajar en pos del olvido, es Silente, lo cual supone una nueva declaración de intenciones. Por su parte, el nombre de la dama ideal amada por el caballero, Oniria ("Tan solo yo conozco el secreto de las letras/ que encierran el misterio de la palabra Oniria"), remite por etimología al sueño inalcanzable y por paronomasia a la Oriana del *Amadís*, pero también, por anagrama, a la Ironía en un sentido que quiero interpretar paciano: si la analogía es, para el poeta y pensador mexicano, "reino de la palabra", "ciencia de las correspondencias" e "hija del tiempo lineal", la ironía es "reverso de la palabra, la no-comunicación", "manifestación del tiempo cíclico", "ruptura de la unidad", "negación" y "manifestación de la nada". "Ironía y analogía son irreconciliables", dice Paz; "la ironía es la herida por la que se desangra la analogía". "La analogía", concluye, "termina en silencio".[42] Y así termina el Caballero Silente, y así termina Jacobo Sadness.

En el *Silente* se ofrecen algunas claves de la imposibilidad de este amor pero, sobre todo, se teje un mundo de carencias, paradojas y negaciones en el que la voz lírica renuncia activamente a la palabra de amor y se establece con firme decisión en el silencio. En su versión

---

[40] Señala la relevancia de esa "suprema negación" SALCEDA, *art. cit.*, p. 17.

[41] Juan VARELA-PORTAS DE ORDUÑA, "El caballero Silente o la nostalgia del significado", prólogo a LÓPEZ NAVIA, *Canción de ausencia rota de mi señor Silente*, *cit.*, p.5.

[42] Octavio PAZ, *Los hijos del limo*, Seix Barral, 1990, 3ª edición en Biblioteca de Bolsillo, pp. 109-114, *passim*.

del *silentium amoris*, López Navia niega la comunicación del amor incluso a la persona amada. Sin embargo y como tantos poetas que lo precedieron, lamenta la inutilidad de su "caminar discreto": "De nada me ha servido batirme en retirada/ guardando mi secreto de espías y rumores". El recuerdo del nombre de Oniria queda allá por donde pasa el caballero, que solo puede errar sin esperanza. Y, como el protagonista del poema de Wilde, Silente acepta el destino de ser separados: "a ti a no saber nada, a mí a callarlo todo". Finalizando el libro, afirma: "Nadie podrá saber lo que nunca te dije/ y lo que tú no sabes a nadie ha de importarle". Los motivos de la literatura de caballerías, y los conceptos del amor cortés imponen al lector del *Silente* una atmósfera de ensoñación medieval y de referencias culturales que entroncan con la tradición anteriormente descrita, y que probablemente hacen de este poema, de esta voz *rota* por la emoción, el más largo e intenso desarrollo del tópico del silencio de amor en toda la historia de la literatura.

Pero en 2020 llegamos a *Tregua* y he aquí que Jacobo Sadness sigue aferrado a un tema que López Navia ha remozado y devuelto a la circulación con extremada eficacia. El presente libro incluye un "Segundo", un "Tercer" y un "Cuarto *silentium amoris* de Jacobo Sadness", que insisten en la idea de soledad en términos de silencio. El segundo de estos textos, subtitulado como homenaje a Bécquer, nos sorprende porque Sadness habla en él por primera vez de la persona amada como alguien que en realidad sí sospechaba o "sabía" del sentimiento de amor que le profesa la voz lírica. Como si el *nunca* se estuviese diluyendo, en el último de esos tres poemas vuelve la sorpresa cuando Sadness admite la posibilidad, aun "en la esquina remota de algún sueño", de "que el mapa de su nombre me lleve hasta su puerto", lo que también por primera vez supone una tímida fisura en la condición silente de Jacobo Sadness, ese viejo conocido de Santiago López Navia. Quizá un día nos explique con detalle por qué calla.

Madrid, marzo de 2020

Tregua

A mi hermano Carlos Fernández Alonso,
en el camino y en la vida

Et se'l tempo è contrario ai be' desiri,
non fia ch'almen non giunga al mio dolore
alcun soccorso di tardi sospiri.

Francesco Petrarca

I make a virtue of my suffering
From nearly everything that goes on round me.

Robert Frost

A dor que non se vai, non, que non se vai, que non se vai.

Manuel Cuña Novás

TREGUA

Or poserai per sempre,
Stanco mio cor.

Giacomo Leopardi

Un claro en el fragor de esta tormenta.
Una sombra que alivie mi desierto.
Un beso de la brisa a campo abierto.
Un día sosegado. Una hora lenta.

Un alto para mi alma, siempre atenta
a marcar con su huella un paso incierto.
Un momento en silencio junto a un huerto
donde el ruido del mundo no se sienta.

Que no haya desazón, que nada duela,
y el corazón tranquilo se abandone
al abrazo clemente del olvido.

Que un viento a mi favor sople en mi vela
y la ira del naufragio me perdone.
Tan solo es una tregua cuanto pido.

Escara

Lejos

NOSTALGIA Y SOLEDADES DEL ERMITAÑO ANTERO FREIRE

Recuerda su infancia en primavera

Algún día yo tuve nueve años
(acaso algún día),
y el mundo eran mi calle y mis bolsillos,
mis padres, mis amigos,
mi casa y mis juguetes,
y en mayo el mundo aquel era más grande.

La primavera, entonces, era amable:
domingo claro con olor a chicle
y a niña perfumada con lavanda,
y el campo era una alfombra de amapolas
al lado de mi clase, en el colegio.

La calle olía a hierba y a promesas
y a sol por la mañana,
y a pan recién cortado de merienda,
y a espiga verde sobre el campo amigo,
y el mundo en primavera
era más grande aún. Mucho más grande.

Revive su adolescencia en el verano

À quatre heures du matin, l'été,
Le sommeil d'amour dure encore.

Arthur Rimbaud

Recuerdo que era verano
como hace tres o cuatro días, aquí.
Ya no sé cuánto tiempo hace
era verano.
Sé que yo huía de mis fotografías de adolescente
y la música alimentaba mi desvelo,
y sé que no pensaba en lo que ahora pasaría.

Como era verano oía lejos los ruidos,
oía lejos las voces,
y las presencias se me confundían con los sueños.

Y era verano, y todo estaba aquí
al lado de mi mano,
porque el olor de las noches era dulce
y perfumaba los misterios esparcidos por el suelo de mi casa.

Y era verano.
Todo era verano:
los recuerdos y los vacíos, los poemas, las nadas,
las esperas tranquilas del silencio,
el dolor del alma de quince años,
todo era verano,
porque entonces el calor de los rescoldos
prendía una llama grande desde el beso de la luna.

Siente la añoranza en el otoño

I

¿Dónde te he visto antes?
Recuerdo bien que me heriste con tus pájaros fríos.
Aún contaminan mis versos los sedimentos de tus lágrimas,
cuando en las aceras rezumaba un olor a tierra y a nube.

¿Dónde estabas antes?
Sabes por mis voces que te ando siguiendo las pisadas
y que tus mañanas aún nublan mi claridad con tu recuerdo.
En tus árboles secos y en los charcos de las calles
yo cogía entonces frutos de sombra y de añoranza.

Y ahora, otoño, me posees.
Absorbes mi aliento con la nostalgia de tu música,
y secas mis lágrimas con una hoja
dorada
si alguna vez lloro,
y me cobijas
(si alguna vez tiemblo)
bajo el ala de un gorrión pardo.

Pero has tardado, y mi espera
te guarda con los meses un fondo de sueños
despedidos por las chimeneas.

Con tus lluvias, viejo padre otoño,
engañaré otra vez a la luz de aquellas farolas
ya lejanas,

y me agacharé a acechar las estelas
de todos tus fantasmas tristes.

Con tus lluvias, otoño,
con las nubes de penumbra que me traen tus manos
voy a ser, a coro con todas las tormentas,
el aura errante y sola de un fantasma triste.

II

No sé si fue ayer mismo. Es pronto para recordarlo.
Lo que sí recuerdo es que todo era otoño
en los ruidos, en los silencios,
en las distancias evocadas por la música.

También recuerdo una voz ya muy lejana
repartida entre las formas,
con un nombre propio acaso ya perdido para siempre.
Y no puedo olvidar el olor de las noches
sentidas en el alma atenta a cada cosa.

Los nombres eran otros, pero todo era lo mismo.
Solo había un ensueño
nuevo en cada poema,
nacido de la vigilia de un alma sorprendida.
Y a pesar de que todo era lo mismo,
cada cosa tenía su sitio en el enorme espacio de la tarde,
y hoy la tarde sí es la misma, aunque todo esté vacío.

Lo que nunca olvidaré es que el otoño estaba en todo.

Vuelve a sus recuerdos del invierno

I

Diciembre

De nuevo diciembre,
herida lejana de tiempo que vuelve,
estigma leve,
silencio de tarde y recuerdo que duele.

Diciembre.
Yo era un niño, gorrión de la nieve,
en mi calle de siempre
bajo un techo infinito de frío celeste
colgado en la tarde cadente.

Diciembre,
hielo de albas que me envuelve
(Norte, Sur, Este y Oeste)
por todos los afluentes
de un alma antigua que duerme
alegre.

Diciembre,
dios de escarcha transparente
soplándome un viento de frente.
Yo era un niño, diciembre.
Deja que me acuerde

de mis tardes sobre el verde
que crecía por detrás de las paredes
de aquellos muros silentes.

Diciembre.
Mis dos ojos para verte
aún abiertos desde un corazón ausente
que me marca cada paso y se estremece.

Y hoy llora el presente,
diciembre,
porque el tiempo tiene dientes
afilados de serpiente
con un veneno gris que me adormece.

Y es que el reloj se nos muere,
diciembre,
con un sueño evanescente
que no puede
olvidar que se sumerge
en aquella otra fuente
que se escapa por los chorros del torrente
que ahoga un alma breve.

Digo diciembre,
y en la tarde hay un fuego que me prende
las entrañas calientes
que aún esperan que llegue
como tantas otras veces,
como siempre,
rebelde
el halo de un recuerdo, jinete
desbocado sobre un alma adolescente.

Diciembre.
Y tus tardes otra vez me pertenecen.

II

Enero

Desde la puerta, enero,
puedo seguir el rastro de silencio
que me trae la espina dulce del recuerdo
ardiendo
en ese hueco
que se me abre en el pecho.

Enero,
y el dolor de tu herida hasta en los huesos.
Luego
el aullido de aquel perro
que me suena como a sueño
de invierno,
tal vez más allá del cielo.

Y yo estoy aquí, enero,
viviendo un día y muriendo
otro día sin saberlo,
alzado en el cementerio
de todo el tiempo
que ha muerto,
ausente, pero despierto
sobre las calles de hielo.

Enero,
siempre al acecho,
y yo como siempre, a destiempo,

recorriendo
cada trecho
de la vida en un sendero
incierto.

Y todo es viejo,
enero,
y todo es nuevo,
como Dios, como el aliento,
que aviva el latido de un corazón abierto.

Y otra vez, sombra de enero,
me duermo,
removiendo
la alegría en el brasero,
aunque creo,
como siempre en enero,
que en mi alma está lloviendo.

III

Sic transit

Man's yesterday may ne'er be like his morrow;
Nought may endure but Mutability.

Percy B. Shelley

Invierno, tú ya lo sabes. Yo era niño y en mi calle
tus huellas se me imprimían con un lápiz de añoranza,
y tras de ti los días colgaban en el alambre
entre el agua de la ropa puesta al sol en mi ventana.

Y yo ya perdí mi calle y mis recuerdos siguen limpios
sembrados por las aceras que llevaban a mi casa
en aquellos días claros donde mi alma azul de niño
dejaba una risa abierta en los rincones de la plaza.

Aún me llegan las fogatas de olor tibio cada tarde,
donde ardían en silencio las entrañas de las cajas
de cartón que fueron barco algunas veces y otras naves
donde mi héroe era yo mismo levitado por mis alas.

Las grúas ya derrumbaron los muros y en aquel barrio
se irguieron nuevos gigantes sobre la tierra callada,
pero bajo los cimientos laten ruinas en los charcos
con el aura de un bendito y melancólico fantasma.

De aquel niño que tenía en la mirada la voz viva
ahora va quedando un hombre sediento de luna y alma,

y de los libros pasados que inventó mi poesía
–invierno, tú ya lo sabes– ya solo quedan las páginas.

PLEGARIA DE TIERRA POR HAITÍ

Y todo se hizo tierra de repente:
los labios, sus promesas de palabras,
las voces, el aliento. Todo tierra.
La tierra dibujó el paisaje último
que guardaron los ojos para siempre.
Solo un clamor de tierra en los oídos
y nada más que tierra el horizonte.
El cielo quiso ser la tierra misma,
la luz del sol cegada por la tierra
y una noche de tierra interminable.

Y ahora que ya es tarde y todo es tierra
urge desenterrar los llantos rotos.
Es tiempo de regar con agua limpia
lo que anegó la tierra desatada
y cincelar en piedra las promesas
de los amos del mundo, siempre sordos,
para que no se muera en otro olvido
esta memoria muda ya hecha tierra.

INTERMEZZO

Acabo de cumplir cincuenta años
y, aunque me gusta andar, creo que es tiempo
de retirarme a un lado del camino,
aunque sea un momento, así, sin prisa,
a ver si el corazón me rinde cuentas.

Acabo de cumplir cincuenta años
y nunca he dominado ciertas artes:
jamás supe bailar una peonza
ni hacer un triste globo con un chicle;
nunca logré silbar como un cabrero
ni en mi vida aprendí a pelar las pipas.

Acabo de cumplir cincuenta años
y hay cosas que no entiendo todavía.
No es cosa de escribir un inventario.
Si bajo a lo inmanente, por ejemplo,
nunca supe entender por qué demonios
se comen palomitas en el cine
(precisamente, digo, palomitas),
y si me pongo grave, me pregunto
por qué amordaza el miedo a las lealtades
y la mediocridad se come al mérito.

Que no se tome a mal tanta insistencia,
pero es que hace un momento, esta mañana,
acabo de cumplir cincuenta años
y aunque no ando sobrado de certezas
debo reconocer que alguna tengo:
me quedo con mi fe y con la palabra

(la que también se escribe con mayúsculas;
como decía Sancho, Dios me entiende).
También, y no quisiera equivocarme,
creo poder contar a mis amigos
al menos con los dedos de dos manos.

Acabo de cumplir cincuenta años
(lo sé: lo he dicho ya, tened paciencia),
y aún hay muchas cosas que me asombran.
Por no hacer una lista interminable,
diré que un simple grifo me alucina,
o los interruptores de las luces.
¿Cómo no amar, entonces, la amapola
que surge tras la lluvia cuando es mayo?
Por no hablar del misterio de los ríos
o el bálsamo bendito de la música.

Para que no haya dudas, lo repito:
acabo de cumplir cincuenta años.
Lo que he dejado atrás, atrás se quede.
Pesa más el amor que las heridas.
No necesito más. Nada me falta.
Hoy solo tengo todo por hacer
y en el punto final empieza todo.

SEGUNDO *SILENTIUM AMORIS* DE JACOBO SADNESS

Hoy he vuelto a buscarte en el silencio
de este mundo sin ecos que he creado
tan más allá de todo, tan perdido
en el vórtice gris de mi nostalgia.

Aquí puedo decir tu nombre a gritos
hasta perder la voz o hasta saciarme
y el polvo que levantan mis pisadas
entierra en el camino su secreto.

La tarde se retira de mi mano
sin que nadie interrumpa nuestro idilio.
Otro día se duerme en tu distancia.
Otro día se va sin que me esperes.

Y ahora que el sol anida entre las ramas
para incubar la noche que se anuncia,
en el regreso lame sus heridas
mi soledad sin ti, fundida en sombra.

EL PENSAMIENTO DEL AGUA

(A UN RECIPIENTE DE BARRO HUNDIDO EN UN COSTADO)

A Ismael Peña

De lo que piensa el agua del torrente
nada sabe el remanso de los ríos,
ni piensa igual el agua en los bravíos
meandros que dibuja la corriente.

Cegada en la quietud del recipiente
urde su fuga el agua en desvaríos
al ver que son más fuertes los sombríos
muros de su prisión sorda y silente.

No se resigna el agua a la celada:
piensa en su libertad, y en el envite
deja al barro quebrado y malherido

y la cárcel de arcilla, lacerada,
busca en su misma entraña un escondite
igual que un pensamiento interrumpido.

Ancla

SOY MI HERMANO

Yo soy mi hermano, y a mi hermano fío
el báculo tenaz de mi consuelo.
Si caigo él me levanta desde el suelo;
si pierdo él me devuelve lo que es mío.

Él es mi lucidez si desvarío,
restaña las heridas de mi duelo,
si el plomo ata mis alas alza el vuelo
y no hay vado mejor si crece el río.

Con él siembro mis campos y los riego.
Con él levanto el muro de mi fuerte.
Con él velo las armas mano a mano.

Su hombro es el bastión de mi sosiego
y no reniego nunca de mi suerte
sabiendo que yo mismo soy mi hermano.

MEDITACIÓN JUNTO AL RÍO ARAVALLE

(He vuelto a este lugar para saberme limpio,
tocado en un dominio de pureza).

Luis Llorente

Yo fui feliz aquí, junto a este río
cuyas aguas bebí, puras entonces,
en la misma corriente que habitaban
las truchas arco iris y las náyades.
En su fondo de piedra, siempre esquivas,
vivían escondidas las culebras,
que al verse en nuestras manos pretendían
ser víboras mutando sus cabezas
en un alarde inútil de amenaza.
Sobre el río danzaban las libélulas,
jinetes del letargo en plena tarde,
mientras su lecho oculto atesoraba
celosamente todos los misterios.
Después, cuando la noche perfumada
tendía su silencio prodigioso,
el transcurrir del agua era un arrullo
fundido con el silbo amigo y cómplice
de algún autillo insomne sobre un álamo.

Yo tengo un mundo aquí que fue mi mundo:
Carrera, Tremedal, Cabezas Altas,
Navalperal, El Barco, La Angostura,
Puerto Castilla y luego Tornavacas,
al pie del Calvitero, duro y árido.

Mi alma habita aquí, entre las canciones
nacidas al abrigo de una hoguera
en donde se fraguaban los secretos
que luego eran promesas, en el alba.
Todo parte de aquí y aquí retorna
el corazón dispuesto, siempre anclado
a las raíces vírgenes, ocultas
en un punto perdido en ningún mapa,
en un norte al que no lleva la brújula,
en un lugar que ya no tiene tiempo.

Yo fui feliz aquí cuando era un niño,
cuando todo era claro y cada hora
era casi total como una vida.
Cuando todas las cosas perduraban.
Cuando el mundo era un mundo con sentido.

Cuando era un niño y nadie se moría.

MEDELLÍN, 5

Vicente el señorito, Ángel el duende,
y Pepe era el cachorro; Alfonso, el pinta.
Rosario nunca tuvo un sobrenombre.
Pepita murió niña, me dijeron.
El abuelo Vicente de uniforme
(fue inspector jefe, creo, de tranvías).
Madrid en guerra, el frente a cinco pasos.
El pinta y el cachorro en las colonias
(Valencia, capital de la República).
Vicente en Intendencia, en retaguardia.
La abuela Estrella y Ángel y Rosario
resistiendo al asedio. Miedo y hambre.
Pepe sacando a Alfonso de la fila
del ProKonsomol (los niños de Rusia).
Madrid deshecho en bombas, cicatrices
del odio y la barbarie: la posguerra.
Empezar otra vez. Medellín, 5

Las cosas de mi padre sin mi padre:
vacío su sillón, solos los guantes
que cobijaban sus manos heladas
para dormir la siesta todo el año,
porque tenía frío casi siempre.
Sus gafas, ya cegadas sin sus ojos;
su radio, muda ya sin sus oídos
y su enorme vacío derramado
por todos los rincones de la casa.
Lo que no es ahora es su presencia:
el bálsamo bendito de su alma
que nombra cada cosa sin mi padre.

Las viejas escaleras de madera.
La barandilla de hierro forjado.
La vida que bullía en la corrala
con un rumor testigo de los siglos.
Mi abuela en el balcón, fija en la calle,
diciendo adiós a todos con su mano
hasta que nuestro rastro se perdía.
Ya nadie espera allí. Medellín, 5.

SÍSIFO

Esta roca que cargo cuesta arriba
sin un solo rellano en la ladera
anuncia otra montaña que me espera
más escarpada acaso, y más altiva.

La roca ha hecho a mi espalda su cautiva.
Solo en la cumbre misma me libera
y vuelve a deslizarse traicionera,
montaña abajo, siempre fugitiva.

Esta eterna escalada se hace lenta.
La roca se ha alojado en mis entrañas.
La carga es mucha ya y mi fuerza poca.

Los bríos van menguando; el peso aumenta
y después de subir tantas montañas
no tengo espalda para tanta roca

CASA VACÍA

La casa se ha inundado de vacíos
y todo es una herida en su silencio.
Todo te evoca, madre,
bañado en su cascada de quietudes
y hay una espera
dormida en los cajones desolados
y en los armarios blancos, entreabiertos.

Tu voz habita, madre,
en este vasto mapa de tu ausencia
y vuelve a mí tu rezo acompasado
desde un sillón ya huérfano.
En todo estás. Tu ropa
no entiende su abandono. Tus espejos
no entienden el porqué de tu distancia.
Por todas partes tienden su dominio
tantas cosas a medias
(tus libros, tus cuadernos, tus labores)
que no entienden tampoco tu renuncia.

La casa está vacía,
y al otro lado
de la puerta cerrada para siempre
tú ya no aguardas, madre, mi llegada.

CASA VACÍA II

Ya nada queda aquí. La casa duerme
bañada en soledad, llena de ausencia.
Las estancias vacías asemejan
provincias imposibles de un desierto.
La huella casi fósil de los muebles
dibuja las paredes tan desnudas.
Los armarios vacíos y sin perchas
añoran el consuelo de las cosas
y el eco de los pasos suena a herida,
los pies ya desgajados de su centro.

Mis padres ya no están. Qué desolada
queda la casa lejos de sus voces.
Qué solo este universo silenciado.

Mis padres ya no están. Duele su falta,
aunque persiste su bendito aroma
y su aura seminal y nutritiva
que lo ilumina todo y lo sosiega.

La casa de mis padres está en paz.
Todo se queda adentro en su vacío.
Todo en su plenitud ya es mi memoria.

LAS HORAS ERAN NUESTRAS

Qué lejos del dolor en aquel tiempo
quedaba el rompeolas de la vida.
Ungidos con el óleo de los dioses
la muerte era algo ajeno a nuestros planes
(quizás, alguna vez, un fotograma
o una página aislada en algún libro).

Jinetes en las alas de la audacia
creíamos ser dueños de la Tierra
y el mundo era un proyecto de homenaje
a medias con los sueños y el futuro.
Las horas eran nuestras. Qué tesoro
de tiempo más allá de los relojes.
La noche era tan solo un intervalo
minúsculo y fugaz entre dos luces
y cada invierno era solo la rama
donde hacía su nido otro verano.

Qué lejos esos días de la llaga
feroz y siempre abierta de la pérdida.
Qué lejos de la hiel de los adioses.
Qué lejos de este campo desolado
por el viento glacial de tanta ausencia.

Deslastre

AHORAQUÍ II

A Norberto García Hernanz

Respira. Vive
la plenitud exacta de este día,
el don inaplazable del instante,
este camino, aquí, centro del mundo.
El regalo inmediato
del musgo y del misterio del helecho,
el alto del canchal jamás hollado
o el beso perentorio
del venero que brota en la ladera.

Renuncia. No te busques
en el frágil hechizo de otro entonces:
la gloria almibarada de otros días
(si alguna hubo),
o el agrio acíbar de los desengaños.

Que nada te distraiga
de la linde sutil de este lugar
ni del pulso fugaz de este momento.

ANCLA Y FUGA

A Luis Llorente

En su quietud ubérrima el sendero
te abraza y en su seno te desdoblas.
Tu cuerpo se desborda hacia la trocha
fiado en el bastión de tus tendones,
pero el ave rebelde de tu espíritu
ha decidido anclarse, ensimismada.

Tú sigues afanado en el ascenso
buscando el trazo amable de los hitos,
pero tu alma prefiere apacentarse
junto al feraz sosiego de un remanso.

No importa cuánto subas ni te alejes
de los dominios de su campamento;
ella te espera allí, siempre atentísima
al paso de los evos incontables
y en la guardia infinita de sus noches
escribirá el cantar de tu retorno.

DON DEL MEDIODÍA

Despiértenme las aves
con su cantar sabroso no aprendido.

Fray Luis de León

Dije: todo ya pleno.

Jorge Guillén

A Juan Luis Calbarro

No aspiro a otro regalo esta mañana
que el mapa exacto y firme de esta senda,
ni busco otro refugio más seguro
que el aire que destila la ladera.

Yo aquí, en medio de todo, arrebatado
y todo alrededor en su inminencia,
mientras la sombra madre de los pinos
embrida mi inquietud y la atempera.

Me encontraréis transido, enmimismado
en esta beatitud simple y perfecta
mientras abajo el tráfago del mundo
transcurre en el fragor de su molienda.

Quiero el consuelo cierto de un sendero
que lleve no sé a dónde entre las peñas,

y que de vez en cuando, en algún árbol,
me devuelva el saludo la oropéndola.

Que ya no duelan tanto las heridas,
que el mundo y yo firmemos una tregua,
que un mediodía azul lata en mi pulso
y que me vuele la corneja a diestra.

CINCEL

Presencia

ENVÍO

(JOSÉ MARÍA CASASAYAS RECIBE UN *QUIJOTE*)

José María, amigo:
aquí tienes tu libro
escrito
con tantos trazos limpios
movidos por la ausencia y el cariño.

Aquí tienes, te digo,
capítulo a capítulo,
no lo que remedó nuestro enemigo
tordesillesco y fingido,
sino el legado prístino
del gran Cide Hamete, el prudentísimo.

Aquí verás descritos
todos los sucesos famosísimos
de don Quijote, fiel a su destino:
gigantes transformados en molinos
por Frestón el maligno;
corazones llagados, malferidos
por un amor que siembra su espejismo
(Grisóstomo, Basilio,
el Capitán Cautivo,
aquel enamorado Montesinos
entrevisto
con la mirada frágil del delirio,
y el lacayo Tosilos
rendido
por un amor aún quizá muy niño).

Aquí están los castillos
magníficos
que don Quijote alzó en su desvarío,
y el bravo vizcaíno,
y Ricote (el morisco),
y el mono adivino,
y el bueno de Andresillo
golpeado y resentido,
y Altisidora, de cabellos como lirios,
y el tan dorado y rico
yelmo de Mambrino.

Y sé, José María, que en el mismo
recodo del camino
donde te sentarás tranquilo
(acaso la memoria, el paraíso)
mientras lees estos versos que te escribo,
princesas cuidarán de tu rocino.

José María: pido
–cuando estos versos que te envío
lleguen a su sitio–
que no quede un resquicio
mínimo
por donde pueda entrar el olvido,
y que el último verso, amigo mío,
ya no sea el final, sino el principio.

PROMESA

A Ana María García, in memoriam

Que tu presencia siga anidando en nuestros ojos
y que tu voz persista como tu voz de siempre.

Que todo lo que fuiste cimente tu memoria
sobre el mapa infinito que dibujó tu sueño.

Que lo que hiciste tuyo mantenga su promesa
de hacerse también nuestro porque tú lo quisiste.

Que allí donde aún resuenan los ecos de tus pasos
la huella que dejaste ilumine los caminos.

Que las puertas que abriste cada nueva mañana
te esperen siempre abiertas velando tu recuerdo,
y que en el campo yermo que congeló tu ausencia
florezca la constancia germinal de tu alegría.

ALERTA

A Adolfo Martínez, in memoriam

No te rindas, Adolfo. No es momento
de deponer las armas, que aún hay guerra.
Acógete al abrigo de tu tierra
y torna a dedicarte a arar el viento.

No te entregues aún. Tú estate atento,
que aún baja limpia el agua de la sierra.
Sal a cazar el duende que se encierra
dormido en los confines de algún cuento.

Mantén alta la guardia, Adolfo. Alerta.
Arriba el corazón y que mañana
te encuentre el sol perdido por los prados,

y ya verás que al alba te despierta
el bíblico clamor de alegre diana
de un coro de profetas cabreados.

ROMANCE DE APULEYO SOTO

(DONDE SE DEMUESTRA, CON UN GUIÑO DE TINTE BECQUERIANO,
CUÁL ES LA MEJOR RESPUESTA POSIBLE PARA UNA PREGUNTA
QUE ACASO NO LA TIENE)

Una tarde de noviembre,
cuando el sol ya se dormía,
bajo la bóveda noble
de una gótica capilla,
preguntáronle a Apuleyo
dónde está la poesía.

Apuleyo, que es poeta
perito en ritmos y en rimas
y frecuenta honesto trato
con las musas fugitivas,
supo dar una respuesta
de rara sabiduría:
"No la busques en la noche
majestuosa y magnífica,
ni en el océano inmenso
donde se pierde la vista,
ni en la alfombra de las flores
que nacen en la campiña,
ni en la belleza perfecta
de las vaporosas ninfas.
Búscala en la luz pequeña
que late en la estrella mínima,
y en el arroyo minúsculo
que nace en la sierra fría,
y en la promesa de trigo

que atesora una semilla.
No es una dama en sazón;
la poesía es una niña
que siempre te está esperando
soñando con que la escribas,
y sus versos más hermosos
no han nacido todavía
mientras haya quien pregunte
dónde está la poesía".

Esto dijera Apuleyo,
que bien claro lo tenía,
y sus palabras aladas
volaban por las esquinas
de Santa Cruz la Real.
Noviembre ya se moría.
Y detrás de no sé dónde,
porque nadie las veía,
quisieron lanzarle un beso
Calíope, Clío y Talía.

HUELLA

(Evocación de la casa de los poetas en San Juan de Puerto Rico)

A la familia Corretjer Llorens

Me llevo de esta casa su sosiego
y el blanco palpitar de sus estancias.

Me llevo su secreto revelado
por el fantasma hermano del poeta
y la sombra tejida entre los árboles
de nombres entrañables como abrazos
(el mango, la pitomba, el aguacate,
el higo y el mamey).

También me llevo
la sinfonía dulce de sus noches
compuesta por las aves y la brisa
(alguna vez también por la tormenta),
y en los umbrales mágicos del sueño
la nana breve y dulce del coquí.

CANCIÓN DE VIGILIA

Para Octavio Uña

Cierta es la tarde, Octavio.
Ciertos también son los años
que nos acechan callados
mientras andamos
abismados
en nuestro propio paso.
(Tú y yo y muchos caminamos
sin descanso
cincelando
nuestra huella pertinaz de *homo viator*).

Y es que el tiempo pasa rápido,
Octavio,
y es urgente conjurar al desencanto
con versos contumaces, pero siempre esperanzados
(algunas veces balsámicos
y otras veces sublevados),
que aligeren los trabajos
y los días, aunque a veces cueste tanto
y haga falta engañar al calendario.

Octavio:
queda mucho por cantar y hay que cantarlo.
En tu almario
aparejen las palabras versos sabios
y el tesoro germinal de un libro en blanco
sea cauce de poemas derramados

en tu mano.
Alerta el plectro, Octavio.
Alertas la lira y el canto.
Que el venero de tu voz siga brotando
y lo escrito siga escrito en el agua como antaño.

ENVÍO II

(POEMA PRELIMINAR PARA UNA EDICIÓN MANUSCRITA DEL *PERSILES*)

A Carmen-Auristela Agulló Vives

Adéntrate, lector, en los senderos
hollados por Periandro y Auristela.
Tu brújula mejor será su estela;
tu mapa, su fervor de viajeros.

Todos –ya ves, lector– somos romeros
y es Dios quien mueve el viento en nuestra vela
y quien en la alta noche nos desvela
el secreto del Norte en los luceros.

Esto es la fe, lector, la fe que allana
con su constancia grave y silenciosa
nuestro paso perdido en los caminos

desde la última Thule tan lejana
hasta la Roma noble y piadosa,
tan peregrinamente peregrinos.

Estela

TERCER *SILENTIUM AMORIS* DE JACOBO SADNESS

(EN LA ESTELA DE GUSTAVO ADOLFO BÉCQUER)

Nunca supo del mundo que entre andamios
de versos yo le hacía,
ni de la casa aquella que en su ausencia
yo alzaba a su medida.
Acaso alguna vez una palabra
que se me iba
me delataba y ella,
callada, me entendía.

Yo nunca le mostré las cicatrices
que me dejó su herida,
pero su huella amarga revelaba
cómo latía.

Nunca quise cruzar aquella puerta
que en la penumbra dulce se entreabría
para no profanar en su silencio
su luz dormida,
pero en esa región hecha de noche
donde algún sueño extiende su cortina
ella, siempre lejana en mi destierro,
callaba
          y lo sabía.

LLAGA

(EN LA ESTELA DE CHARLES BUKOWSKI)

Duelen los años
como ortigas adheridas
a las entrañas.

Duelen las palabras.
Duelen los golpes.
Duele el maldito
zarpazo
del sinsentido.

Y a veces
me pregunto
cómo es posible
aguantar
el
dolor.

CONJURO

(EN LA ESTELA DE WYSTAN H. AUDEN)

No escuches la canción del nigromante.
Que nunca te seduzca su salmodia
trenzada con palabras sin sentido.
Deja que se extravíe tras tu rastro
con la danza sutil de la serpiente,
como un eco distante que se funde
en la nada abisal de otro silencio.

No bebas en el pozo envenenado
donde duerme la voz del nigromante.
Aunque la sed te duela y te torture
debes pasar de largo, displicente.
En las gotas heladas que las hojas
retienen tras la lluvia o el rocío
podrás calmar tu sed, o en el venero
recóndito que brota entre las rocas,
allí donde se abren los caminos
que no puede cerrar el nigromante.

CUARTO *SILENTIUM AMORIS* DE JACOBO SADNESS

(EN LA ESTELA DE JULIA DE BURGOS)

Callándome por dentro el grito de buscarte.

Julia de Burgos

Quise pintar tu nombre con tinta de silencio
y lo grabé en la tierra, para que luego el aire
borrase con su beso la herida del recuerdo
y no dejara nada que pudiera ver nadie.

Todo dejó encerrado la llave del secreto
que compartió, callada, mi alma con la tarde,
y lo que fue tu nombre se confundió en el eco
del polvo del camino dormido entre los árboles.

Yo mudo una vez más, y siempre a contratiempo,
cargado de palabras que tú nunca escuchaste,
te esperaré en la esquina remota de algún sueño
callándome por dentro el grito de buscarte.

Canción, haz que su nombre me alumbre en mi destierro.
Que yo encuentre en su nombre mis puntos cardinales.
Que el mapa de su nombre me lleve hasta su puerto
o que el mar de su nombre me anegue en su oleaje.

GALANUSH

(En la estela de Paul Éluard)

I

La historia que escribimos (¿lo recuerdas?)
nació en un hospital en Davos, Suiza,
en alas de un amor tuberculoso.

Después leímos juntos muchos libros,
el frente, Europa en guerra, la distancia,
Cécile, Max Ernst, el vuelo surrealista.

Luego Dalí.
                    Y te fuiste.
                                        Y cuántas veces
volví a llamarte con mi voz en celo.

II

Luego llegaste tú, flor del deseo,
para llenar mis noches con tu insomnio.
Tu cuerpo fue el paisaje de mi búsqueda,
mi inspiración, acaso mi delirio.

Te compartí con otros a tu modo
(Man Ray, Miró, Matisse, también Picasso)
y todos anidamos en tu pecho,
donde la desnudez era un refugio.

Después Europa en guerra (años cuarenta):
la libertad y tú en los mismos versos
escritos como un mantra en todas partes.
Y un día de noviembre, y yo tan lejos,
París cerró tus ojos y los míos.

El tiempo se desborda y tú no estás.

HE ESCRITO AMOR

(EN LA ESTELA DE JOSÉ GARCÍA NIETO)

He escrito amor y todo se ha llenado
de hondísima templanza.

José García Nieto

He escrito Amor y se ha quebrado el hielo
y el agua vuelve a abrir la sementera.
He escrito Amor y he visto que en la era
promete el trigo nuevo su consuelo.

Si escribo Amor, Amor levanta el vuelo.
Si digo Amor, se lanza a la carrera
rompiendo las distancias tras la espera,
jinete en el galope de su anhelo.

Para lavar mi alma hecha de lodo
en un poema Amor hizo su nido
escrito con la tinta azul del viento.

He escrito Amor y se ha llenado todo
de hondísima templanza y he sentido
que Amor se me ha hecho carne en el aliento.

Destello

[HERIDAS]

A Dativo Donate y David Torrejón

Sangra el aliento
por la espina acerada
de la congoja.

La mano blande
la vertical herida:
hado punzante.

¿Cómo se cierran
esas llagas abiertas
sin un motivo?

Algunas lágrimas
se derraman a veces
como cascadas.

Calla el teléfono.
El silencio es un grito
de incertidumbre.

Inevitable
es que Edipo, inconsciente,
mate a su padre.

[RIBERA]

A Eduardo Sanz y José García Caneiro

Guarda el aliso
un tesoro sonoro
de risa y sombra.

Mientras eleva
el ciprés su plegaria,
duerme la siesta.

Suspira el junco
al compás de la danza
de la libélula.

[TIEMPO]

A Fernando Arias y Fernando Fajardo

Las estaciones
se hacen una en la danza
de los colores.

En un instante,
cuántas cosas idénticas
se hacen dispares.

¿Dónde se guardan
esas horas perdidas
en las esperas?

[LUGARES]

A José Ramón Fernández de Cano y Ana Isabel Espejo

Al otro lado
de los arcos en sombra
un pueblo blanco.

La plaza eleva
su plegaria de siglos
desde las piedras.

Hienden las barcas
el azogue del agua
con sus cuchillos.

[CANÍCULA]

A Juan Varela-Portas

Roban sonrisas
amarillas al aire
los girasoles.

El sol dibuja
el perfil del crepúsculo.
Pincel dorado.

Tras la ventana
duerme el patio en verano
su siesta verde.

Canta su nana
emboscada en el pino
una cigarra.

En la penumbra
los murciélagos trenzan
sus confusiones.

Quema la tarde
con el beso de fuego
que lleva el aire.

[PÁJAROS]

A Joaquín Rubio Tovar

Gorrión y rama
se hacen uno en la sombra.
Julio bosteza.

Baile en el alba:
un azor quiebra el vuelo
de las palomas.

Rompe la tarde
la algarada festiva
de las cotorras.

En el alambre
los vencejos dormitan
equidistantes.

[LLUVIA]

A Luis y Tamarán Junco

El trueno acecha
en la próxima esquina
de la tormenta.

La polvareda
se desata y su danza
borra las huellas.

[DIOSA]

A Paloma González Rubio y Cristina Moreno

Protege el ala
del sombrero el secreto
de una mirada.

Entre la seda,
¡qué sutil sinfonía
de transparencias!

Embrida el trote
del cabello rebelde
la diadema.

La zapatilla
se desata en un paso.
El vuelo cede.

[MISTERIO]

A Pablo Rodríguez Somolinos y Pedro Mariné

Tras el espejo
se adivina el latido
de otro universo.

Halo de ausencia,
corazón de triángulo:
percha vacía.

[HAIKUS DE NAVACERRADA]

A Emilio Gavilanes y Elena Cianca

El caminante
zurce su alma rasgada
ebrio de bosques.

¡Cómo seduce
con su trino al arroyo
el carbonero!

La nana blanca
de las nubes arrulla
a la montaña.

Trenza el sendero
su cenefa de sombras
de lado a lado.

Como una impronta
del latido del tiempo,
así la roca.

Sobre el helecho
el contorno de un hada:
la mariposa.

Derrama el agua
su canción en las piedras
enamoradas.

Un cuervo riñe
desde un risco desnudo
al caminante.

Entre las ramas
las chicharras afinan:
coro de cámara.

Rubrica el musgo
el hechizo del norte
con tinta verde.

El sol conoce
una historia secreta
que el mundo esconde.

Se vuelve sombra
el espíritu nómada
del caminante.

Casi amanece.
Busca un nido la luna
hacia el oeste.

Entona el viento
su balada y los árboles
se le acompasan.

Persigue el río
su quimera en un cauce
bañado en siglos.

En las esquilas
de las vacas se anuncia
un *allegretto*.

La zarza fragua
la sazón de las moras.
Quince de agosto.

Borda con borda
se abarloan las rocas
en la ribera.

En la corteza
una gota de ámbar.
Lágrima leve.

La fuente seca
guarda el luto callado
del agua ausente.

Como un destello
desgajado del alba
surge una corza.

El nido escribe
la primera aventura
de los polluelos.

La lluvia fina
desdibuja las huellas
del caminante.

En una orilla
se evapora una lágrima
agradecida.

ÍNDICE

Se terminó esta primera edición de

Tregua,

de Santiago Alfonso López Navia,

el 3 de marzo de 2020,
festividad de santa Cunegunda de Luxemburgo,
duquesa de Baviera,
reina de Alemania y de Italia,
emperatriz de los romanos
y patrona de Luxemburgo,
en la villa de Madrid.

LAVS DEO

LOS PAPELES DE BRIGHTON

https://lospapelesdebrighton.com

Catálogo

Marzo de 2020

Colección Minúscula

1
Carlos Juliá Braun
Siete sonetos piadosos
26 pp.
ISBN: 978-0-9927430-0-0 (agotado; próxima reedición)

2
Juan Luis Calbarro
Diez artistas mallorquines
160 pp.
ISBN: 978-0-9927430-1-7 (agotado; próxima reedición)

3
Luis Ingelmo
Aguapié
62 pp.
ISBN: 978-0-9927430-2-4 (agotado; próxima reedición)

4
Carlos Jover
Bajo las sábanas
122 pp.
ISBN: 978-84-945158-2-8 (segunda edición)

5
Eduardo Moga
Décimas de fiebre
88 pp.
ISBN: 978-84-945158-9-7 (segunda edición)

6

Teresa Domingo Catalá

Destrucciones

86 pp.

ISBN: 978-84-947593-2-1 (segunda edición)

7

Ángel Fernández Benéitez

Memoria del ave encanecida

78 pp.

ISBN: 978-84-945158-4-2

8

Isaac Gómez Calderón

La parábola del arcoíris
y una canción para acunar lo antiguo

124 pp.

ISBN: 978-84-945158-6-6

9

Fernando Navarro

Socialistas utópicos

202 pp.

ISBN: 978-84-945158-7-3

10

Moisés Galindo

Naturalezas muertas

138 pp.

ISBN: 978-84-947593-3-8

Colección Mayor

1 / Poesía
Julio Marinas
Poesía incompleta (1994-2013)
132 pp.
ISBN: 978-84-947593-4-5 (agotado; próxima reedición)

2 / Ensayo
Jorge Rodríguez Padrón
Algunos ensayos de más
156 pp.
ISBN: 978-84-945158-5-9 (segunda edición)

3 / Poesía
José Luis Pernas
Acaso el tiempo. Poesía reunida
148 pp.
ISBN: 978-84-945158-0-4

4 / Homenaje
Varios autores
Palabras para Ashraf
Edición de Juan Luis Calbarro
318 pp.
ISBN: 978-84-945158-3-5

5 / Ensayo
Luis Ingelmo
El crujido de la amapola al sangrar
322 pp.
ISBN: 978-84-945158-1-1

6 / Poesía
Máximo Hernández
Entre el barro y la nieve. Poesía reunida
Edición de Juan Luis Calbarro
726 pp.
ISBN: 978-84-945158-8-0

7 / Ensayo
Eduardo Moga
Homo legens
308 pp.
ISBN: 978-84-947593-1-4

8 / Poesía
Isaac Goldemberg
Libro de reclamaciones.
Antología poética personal (1981-2016)
Prólogo e ilustraciones de Juan Carlos Mestre
310 pp.
ISBN: 978-84-947593-0-7

9 / Poesía
Santiago A. López Navia
Tregua
108 pp.
ISBN: 978-84-947593-5-2

Colección Academia

I / Pedagogía
Juan Jiménez Castillo
Leer para vivir
168 pp.
ISBN: 978-0-9927430-8-6

En preparación

Juan Planas Bennásar
Cercandanzas

Tomás Sanchez Santiago
Delicada Delhy

Printed in Poland
by Amazon Fulfillment
Poland Sp. z o.o., Wrocław

60944107R00073